Nach der Lernmethodik
von Dr. Heinz Klippert

Nicole Geißler

Religion

Die Zehn Gebote

Grundschule 3/4
Kopiervorlagen

Wir haben uns für die Schreibweise mit dem Sternchen entschieden, damit sich Frauen, Männer und alle Menschen, die sich anders bezeichnen, gleichermaßen angesprochen fühlen. Aus Gründen der besseren Lesbarkeit für die Schüler*innen verwenden wir in den Kopiervorlagen das generische Maskulinum.
Bitte beachten Sie jedoch, dass wir in Fremdtexten anderer Rechtegeber*innen die Schreibweise der Originaltexte belassen mussten.
In diesem Werk sind nach dem MarkenG geschützte Marken und sonstige Kennzeichen für eine bessere Lesbarkeit nicht besonders kenntlich gemacht. Es kann also aus dem Fehlen eines entsprechenden Hinweises nicht geschlossen werden, dass es sich um einen freien Warennamen handelt.

1. Auflage 2021
© 2021 Klippert Medien, Augsburg
AAP Lehrerwelt GmbH
Alle Rechte vorbehalten.

Das Werk als Ganzes sowie in seinen Teilen unterliegt dem deutschen Urheberrecht. Der*die Erwerber*in der Einzellizenz ist berechtigt, das Werk als Ganzes oder in seinen Teilen für den eigenen Gebrauch und den Einsatz im eigenen Präsenz- oder Distanzunterricht zu nutzen.
Produkte, die aufgrund ihres Bestimmungszweckes zur Vervielfältigung und Weitergabe zu Unterrichtszwecken gedacht sind (insbesondere Kopiervorlagen und Arbeitsblätter), dürfen zu Unterrichtszwecken vervielfältigt und weitergegeben werden.
Die Nutzung ist nur für den genannten Zweck gestattet, nicht jedoch für einen schulweiten Einsatz und Gebrauch, für die Weiterleitung an Dritte einschließlich weiterer Lehrkräfte, für die Veröffentlichung im Internet oder in (Schul-)Intranets oder einen weiteren kommerziellen Gebrauch.
Mit dem Kauf einer Schullizenz ist die Schule berechtigt, die Inhalte durch alle Lehrkräfte des Kollegiums der erwerbenden Schule sowie durch die Schüler*innen der Schule und deren Eltern zu nutzen.
Nicht erlaubt ist die Weiterleitung der Inhalte an Lehrkräfte, Schüler*innen, Eltern, andere Personen, soziale Netzwerke, Downloaddienste oder Ähnliches außerhalb der eigenen Schule.
Eine über den genannten Zweck hinausgehende Nutzung bedarf in jedem Fall der vorherigen schriftlichen Zustimmung des Verlags.

Sind Internetadressen in diesem Werk angegeben, wurden diese vom Verlag sorgfältig geprüft. Da wir auf die externen Seiten weder inhaltliche noch gestalterische Einflussmöglichkeiten haben, können wir nicht garantieren, dass die Inhalte zu einem späteren Zeitpunkt noch dieselben sind wie zum Zeitpunkt der Drucklegung. Klippert Medien übernimmt deshalb keine Gewähr für die Aktualität und den Inhalt dieser Internetseiten oder solcher, die mit ihnen verlinkt sind, und schließt jegliche Haftung aus.

Autor*innen: Nicole Geißler
Covergestaltung: fotosatz griesheim GmbH
Umschlagfoto: AdobeStock #58818126; Urheber: alswart
Illustrationen: Corina Beurenmeister
Satz: tebitron gmbh, Gerlingen
Druck und Bindung: Druckerei Joh. Walch GmbH & Co. KG
ISBN 978-3-403-**09150**-9
www.auer-verlag.de

Inhalt

Die Zehn Gebote

Autorin: Nicole Geißler

Gottes Bund mit dem Volk Israel	6
Die Zehn Gebote – Gottes Regeln für ein gutes Leben	11
Gott kennen, ehren und ihm einen Platz in unserem Leben geben	16
Sonntag – ein Tag für Gott und die Menschen	21
Gottes gute Regeln für das Zusammenleben der Menschen	25
Familie – bei Gott sind alle wichtig	28
In Frieden miteinander leben	32
Die Zehn Gebote – das Quiz	36

Die **Autorin:**

Nicole Geißler ist Förderschullehrerin und arbeitet im Bildungsministerium des Saarlandes im Referat Förderschule. Sie begleitet als Klipperttrainerin Programmschulen und führt Lehrerfortbildungen am Landesinstitut für Pädagogik und Medien durch.

Dr. **Heinz Klippert**, gelernter Maschinenschlosser; Absolvent des Zweiten Bildungsweges, Ökonom und Soziologe; Promotion in Wirtschaftswissenschaften.

Lehrkraftausbildung und mehrjährige Lehrkrafttätigkeit in einer Integrierten Gesamtschule in Hessen. Seit 1977 Dozent am EFWI (Lehrerfortbildungsinstitut der ev. Kirchen) in Landau/Pfalz.

Klippert zählt zu den renommiertesten Experten in Sachen Lernmethodik und Unterrichtsentwicklung. Sein Lehr- und Lernkonzept zielt auf eigenverantwortliches Lernen und umfassende Methodenschulung.

Klippert hat zahlreiche Bücher und Aufsätze geschrieben und zahllose Lehrkräfte fortgebildet. Sein Programm wird derzeit in Hunderten von Schulen in mehreren Bundesländern erfolgreich umgesetzt. Einschlägige Evaluationen bestätigen dieses.

Liebe Kolleg*innen,

Schule und Unterricht befinden sich im Umbruch. Die Schüler*innen verändern sich, die Heterogenität in den Klassen nimmt zu, die Belastungen für die Lehrkräfte wachsen. Neue Bildungsstandards und Prüfungen sind angesagt. Neue Kompetenzen sollen vermittelt, neue Lernverfahren praktiziert werden. Das alles verunsichert.

Sicherlich haben auch Sie sich schon gefragt, wie das alles bei laufendem Schulbetrieb bewerkstelligt werden soll und kann. Druck und guter Wille allein reichen nicht. Nötig sind vielmehr überzeugende und praxistaugliche Hilfen und Unterstützungsangebote von außen und oben – Lehrkraftfortbildung und Lehrmittelverlage eingeschlossen.

Die Lehr- und Lernmittelreihe „Klippert Medien" stellt ein solches Unterstützungsangebot dar. Die dokumentierten Lernspiralen und Kopiervorlagen sind von erfahrenen Unterrichtspraktikern entwickelt worden und sollen Ihnen helfen, den alltäglichen Unterricht zeitsparend, schüler*innenaktivierend und kompetenzorientiert vorzubereiten und zu gestalten.

Dreh- und Angelpunkt sind dabei die sogenannten „Lernspiralen". Sie sorgen für motivierende Arbeits- und Interaktionsschritte der Schüler*innen und gewährleisten eine vielfältige Differenzierung – Tätigkeits-, Aufgaben-, Produkt-, Methoden- und Lernpartner*innendifferenzierung. Die Schüler*innen fordern und fördern sich wechselseitig. Sie helfen, kontrollieren und erziehen einander. Das sichert Lehrkraftentlastung.

Die Lernspiralen sind so aufgebaut, dass sich die Schüler*innen in das jeweilige Thema/Material/Problem regelrecht „hineinbohren". Das tun sie im steten Wechsel von Einzelarbeit, Partner*innenarbeit, Gruppenarbeit und Plenararbeit. Sie müssen lesen, schreiben, zeichnen, nachschlagen, markieren, strukturieren, ordnen, diskutieren, experimentieren, kooperieren, präsentieren, Probleme lösen und vieles andere mehr.

Diese Lernarbeit sichert nachhaltiges Begreifen und breite Kompetenzvermittlung im Sinne der neuen Bildungsstandards. Selbsttätigkeit und Lehrkraftlenkung gehen dabei Hand in Hand. Fachliches und überfachliches Lernen greifen ineinander. Zur Unterstützung dieser Lernarbeit können spezifische Trainingstage zur Methodenklärung angesetzt werden (vgl. dazu die Trainingshandbücher im Beltz-Verlag).

Jede Lerneinheit (= Makrospirale) umfasst sechs bis zehn Lernspiralen. Jede Lernspirale wiederum dauert durchschnittlich ein bis zwei Unterrichtsstunden und wird in der Weise entwickelt, dass ein eng begrenzter Arbeitsanlass (z. B. Film erschließen) in mehrere konkrete Arbeitsschritte der Schüler*innen aufgegliedert wird. Das führt zu kompetenzorientiertem Arbeitsunterricht.

Wichtig ist ferner der progressive Aufbau jeder Lerneinheit. In der ersten Stufe durchlaufen die Schüler*innen Lernspiralen zur Bearbeitung themenbezogener Vorkenntnisse und Voreinstellungen. In der zweiten Stufe erarbeiten sie sich neue Kenntnisse und/oder Verfahrensweisen zum jeweiligen Lehrplanthema. Und in der dritten Stufe schließlich sind sie gehalten, komplexere Anwendungs- und Transferaufgaben zu bewältigen.

Zu jeder Lernspirale gibt es bewährtes Lehrkraft- und Schüler*innenmaterial. Was die Lehrkräfte betrifft, so werden ihnen die methodischen Schritte konkret vorgestellt und erläutert. Die zugehörigen Schüler*innenmaterialien sind übersichtlich gestaltet; Spots und Marginalien geben wertvolle Lern- und Arbeitstipps für die Schüler*innen- wie für die Lehrkraftseite.

Das alles ist als „Hilfe zur Selbsthilfe" gedacht. Wer wenig Zeit hat, kann die dokumentierten Lernspiralen und Materialien durchaus Eins zu Eins einsetzen. Wer dagegen einzelne Teile ergänzen bzw. modifizieren möchte, der kann das natürlich ebenfalls tun.

Viel Spaß und Erfolg bei der Umsetzung der Lernspiralen wünscht Ihnen

Heinz Klippert

Beispiel zum Aufbau der Lernspiralen

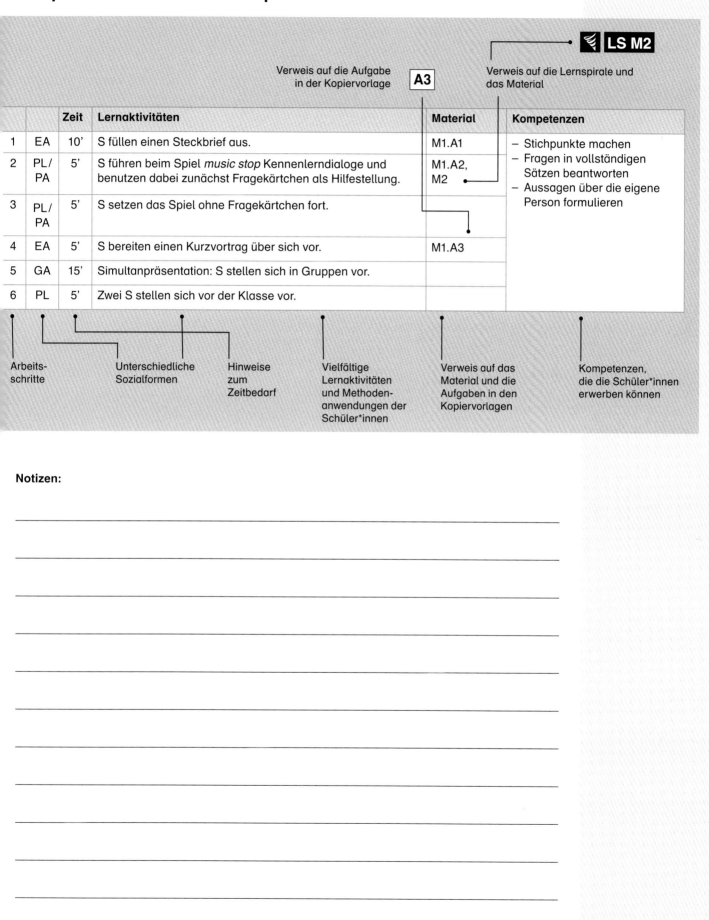

Notizen:

Gottes Bund mit dem Volk Israel

		Zeitrichtwert	Lernaktivitäten	Material	Kompetenzen
1	PL	5'	L gibt einen Überblick über den Ablauf der Stunde.		– Geschichte der Übergabe der Zehn Gebote Gottes an das Volk Israel kennen – kreative Textarbeit mit Textbausteinen durchführen – ein Modell der Stiftshütte als 3D-Bild gestalten – zielgerichtet arbeiten und kooperieren – Entscheidungen treffen
2	EA	10'	S lesen arbeitsteilig ihren zugelosten Textbaustein der Geschichte der Übergabe der Zehn Gebote Gottes an das Volk Israel, markieren wichtige Stellen und notieren eventuell auftretende Fragen.	M1	
3	GA	10'	S besprechen aufgetretene Fragen zum Text in Expert*innengruppen und überlegen, wie sie den anderen ihren Textbaustein präsentieren können.		
4	EA	10'	S erstellen einen Leitfaden für ihre Erzählung, indem sie sich eine Gliederung in Form von Stichwörtern auf einem Spickzettel notieren.	M1, M2	
5	GA	15'	S präsentieren ihren Textbaustein der Geschichte der Übergabe der Zehn Gebote in Mischgruppen in chronologischer Reihenfolge.	M2	
6	GA	25'	S gestalten die Stiftshütte mit der Bundeslade als 3D-Bild.	M3, M4, M5	
7	PL	15'	S präsentieren ihre 3D-Bilder im Galeriegang.	3D-Bilder	

✓ Merkposten

Die Materialien für die 3D-Bilder sowie Bastelunterlagen auf einem Materialtisch bereitstellen.

Kopieren Sie die Vorlage der Stiftshütte auf festes Papier auf die Größe DIN A3.

Für das Dach kann alternativ gefaltetes Papier verwendet werden, falls der Stoff zu sehr durchhängt.

Stoffreste und Dekostreumaterial können von den Kindern im Vorhinein mitgebracht werden.

Tipp

Zur Findung der Mischgruppen im 5. Arbeitsschritt bietet es sich an, die Textbausteine auf der Rückseite vorab mit entsprechenden Buchstaben zu markieren. So kann gewährleistet werden, dass ohne großen Zeit- und Organisationsaufwand in jeder Mischgruppe ein Expertenkind von jedem Textbaustein mitarbeitet.

Erläuterungen zur Lernspirale

Ziel der Stunde ist das Kennenlernen der Geschichte der Übergabe der Zehn Gebote Gottes an das Volk Israel. Vorkenntnisse werden in einer mehrstufigen Erarbeitung aktiviert und vertieft durch eine Textarbeit sowie die kreative Umsetzung des neu Erlernten.

Zum Ablauf im Einzelnen

Im **1. Arbeitsschritt** erläutert die Lehrkraft den Kindern den Ablauf der Stunde.

Im **2. Arbeitsschritt** lesen die Kinder arbeitsteilig den ihnen zugelosten Textbaustein der Geschichte der Übergabe der Zehn Gebote Gottes an das Volk Israel (M1) in stiller Einzelarbeit. Sie markieren wichtige Stellen und notieren eventuell auftretende Fragen. Die Zuteilung der Texte entscheidet hierbei bereits über die spätere Zusammensetzung der Expert*innengruppen. Die Lehrkraft kann die Zusammensetzung dem Zufall überlassen oder diese durch die gezielte Zuteilung der Textbausteine bestimmen.

Notizen:

Im **3. Arbeitsschritt** finden sich die Kinder in Expert*innengruppen zusammen. Je nach Größe der Lerngruppe gibt es mehrere Gruppen pro Textbaustein. Von daher ist auf eine gleichmäßige Verteilung zu achten. Die Kinder besprechen den Textinhalt, klären aufgetretene Fragen und überlegen, wie sie den anderen den Textbaustein präsentieren können. Hierzu machen sie sich Notizen, die sie nutzen, um im **4. Arbeitsschritt** in stiller Einzelarbeit einen Leitfaden für ihre Erzählung zu entwickeln. Dafür steht ihnen ein Spickzettel (M2) zur Verfügung, auf dem sie sich eine Gliederung in Form von Stichpunkten notieren können.

Im **5. Arbeitsschritt** kommen die Kinder in Mischgruppen zusammen. Sie präsentieren innerhalb der Gruppe ihre Textbausteine in chronologischer Reihenfolge.

Daran anknüpfend gestalten die Kinder im **6. Arbeitsschritt** die Stiftshütte mit der Bundeslade als 3D-Bild (M4/M5). Eine Anleitung hierzu finden sie auf der Gruppenarbeitskarte (M3).

Abschließend präsentieren die Kinder im **7. Arbeitsschritt** ihre 3D-Bilder im Galeriegang.

LS M1 Die Übergabe der Zehn Gebote Gottes an das Volk Israel (1)

Textbaustein 1 – Das Volk Israel in der Sklaverei in Ägypten

Zur Zeit von Mose lebte sein Volk, die Israeliten, in Ägypten. Dort dienten sie dem Pharao als Sklaven. Im Laufe der Jahre ging es den Israeliten immer schlechter in Ägypten, sie wurden ungerecht behandelt und mussten schwer arbeiten. Der Pharao erließ sogar ein Gesetz, das bestimmte, dass alle neugeborenen Jungen des israelitischen Volks getötet werden müssen.
Gott sah, wie sehr die Menschen seines Volks Israels litten, und beauftragte Mose damit, sie aus der Gefangenschaft der Ägypter zu befreien und aus Ägypten zu führen.
In Gottes Namen forderten Mose und sein Bruder Aaron den Pharao auf, das Volk Israel ziehen zu lassen. Doch der Pharao weigerte sich. Deshalb schickte Gott schreckliche Katastrophen über das Land. Die schlimmste der zehn Plagen war, dass von jeder ägyptischen Familie der älteste Sohn starb, die israelitischen Kinder jedoch blieben unverletzt.
Das Leid der Ägypter war so groß, dass der Pharao sofort einen Diener zu Mose schickte, um ihm den Auszug aus Ägypten zu erlauben. So verließ Mose mit dem Volk Israel noch in derselben Nacht Ägypten.

Textbaustein 2 – Mose führt das Volk Israel aus Ägypten nach Kanaan

Gott begleitete die Israeliten auf ihrem Weg in das gelobte Land, das Kanaan hieß, und zeigte ihnen in der Gestalt einer Wolkensäule den Weg. So näherte sich das Volk Israel, von Gott ermutigt, dem Schilfmeer. Der Pharao aber ärgerte sich inzwischen, dass die Israeliten ihm nun nicht mehr als billige Arbeiter zur Verfügung standen. Deshalb schickte er seine gesamte Armee hinter ihnen her, um die Sklaven wieder zurückzubringen.
Als die Israeliten die ägyptische Armee, die sie verfolgte, entdeckten, bekamen sie große Angst. Sie sahen keinen Ausweg: Vor ihnen lag das große Meer und hinter ihnen rückte die ägyptische Armee immer näher. Doch Mose ermutigte sie, auf Gott zu vertrauen, und erinnerte sie daran, dass dieser ihnen den Weg bis dahin immer gezeigt hatte und immer bei ihnen sein werde.
Und Mose behielt recht. Als er seinen Stab zum Meer hin erhob, ließ Gott einen starken Wind aufkommen, der das Wasser nach rechts und links zur Seite trieb, sodass ein Weg mitten durch das Meer hindurch führte. Die Wolkensäule zeigte ihnen wiederum den Weg und die Israeliten erreichten das gegenüberliegende Meeresufer unbeschadet. Die ägyptische Armee folgte ihnen und zog mit allen Soldaten, Pferden und Wagen ins Meer. Doch sie erreichten gerade die Mitte des Meeres, da kehrte das Wasser zurück. Als Mose seinen Stab erneut hob, schloss sich das Meer und alle ägyptischen Soldaten ertranken.

LS M1 Die Übergabe der Zehn Gebote Gottes an das Volk Israel (2)

Textbaustein 3 – Die Zehn Gebote und Gottes Bund mit dem Volk Israel

Nun zogen die Israeliten durch die Wüste, wo sie Hunger und Durst litten und sich bitter bei Mose darüber beklagten. Doch Mose wurde von Gott immer wieder an Plätze geführt, an denen sie ausreichend Essen und Trinken fanden.
Als sie nach vielen Wochen am Berg Sinai ankamen, rief Gott Mose zu sich auf den Berg. Gott trug ihm auf, dem Volk Israel zu verkünden, dass er es zu seinem auserwählten Volk machen will, wenn es ihm gehorchte. Die Israeliten versprachen, Gott zu gehorchen.
So bestieg Mose erneut den Berg und verschwand in der riesigen Wolke, die über ihm schwebte. Er erhielt dort von Gott die Zehn Gebote, die wichtigsten Regeln für das Zusammenleben der Menschen und ihre Beziehung zu Gott. Dann ritzte er sie in Steintafeln und verkündete sie den Menschen seines Volkes.
So kam es zu Gottes Bund mit dem Volk Israel: Gott übergab den Israeliten die Zehn Gebote, die ihnen sagten, wie sie leben sollen. Und das Volk Israel wusste nun, dass es Gott eine Freude machen konnte, indem es sich an seine Gebote hielt, wie es es ihm versprochen hatte.
Später erbauten die Israeliten ein wunderschönes Zelt, die Stiftshütte. Darin versammelten sie sich, um miteinander zu beten und Gott zu loben. Die Zehn Gebote wurden in einem goldenen Kasten, der Bundeslade, aufbewahrt. Die Bundeslade stand ebenfalls in der Stiftshütte.

LS M2 Spickzettel zur Präsentation des Textbausteins

Spickzettel zu Textbaustein ☐

Gliederung:

1. _____
2. _____
3. _____
4. _____
5. _____

LS M3 Gruppenarbeitskarte

Die Stiftshütte bestand aus einem goldenen Holzgerüst, das die Israeliten auf ihren Wanderungen mit sich führten. Sie konnten es auf- und abbauen und so auf ihren Reisen bis zum nächsten Ort, an dem sie länger blieben, transportieren. Über das Holzgerüst wurde dann das Zelttuch gelegt. Innen wurde es prächtig geschmückt. Auch die goldene Bundeslade mit den Zehn Geboten wurde dort hineingestellt.

Um ein 3D-Bild der Stiftshütte zu gestalten, braucht ihr:
- Vorlage Stiftshütte
- Vorlage Bundeslade
- einen Bildträger aus dicker Pappe
- Schere und Klebstoff
- Buntstifte (einer davon in Gold)
- Stoffreste (alternativ Papier)
- bunte Perlen, Tonpapierstückchen, Glitzersteine

So geht ihr vor:

1. Malt die Vorlage der Stiftshütte an und schneidet sie aus.

2. Bastelt die Stiftshütte und klebt sie auf den Bildträger aus Pappe.

3. Malt die Vorlage der Bundeslade golden an und bastelt sie.

4. Setzt die fertige Bundeslade in die Stiftshütte und klebt sie fest.
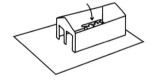

5. Klebt das Zeltdach aus Stoff oder Papier auf die Stiftshütte.
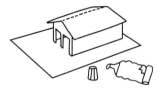

6. Nun könnt ihr die Stiftshütte noch mit bunten Tonpapierstückchen, bunten Perlen oder Glitzersteinen verzieren.

LS M4 Vorlage Bundeslade

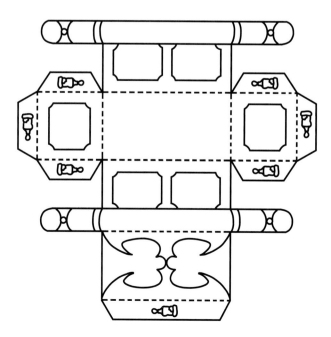

LS M5 Vorlage Stiftshütte

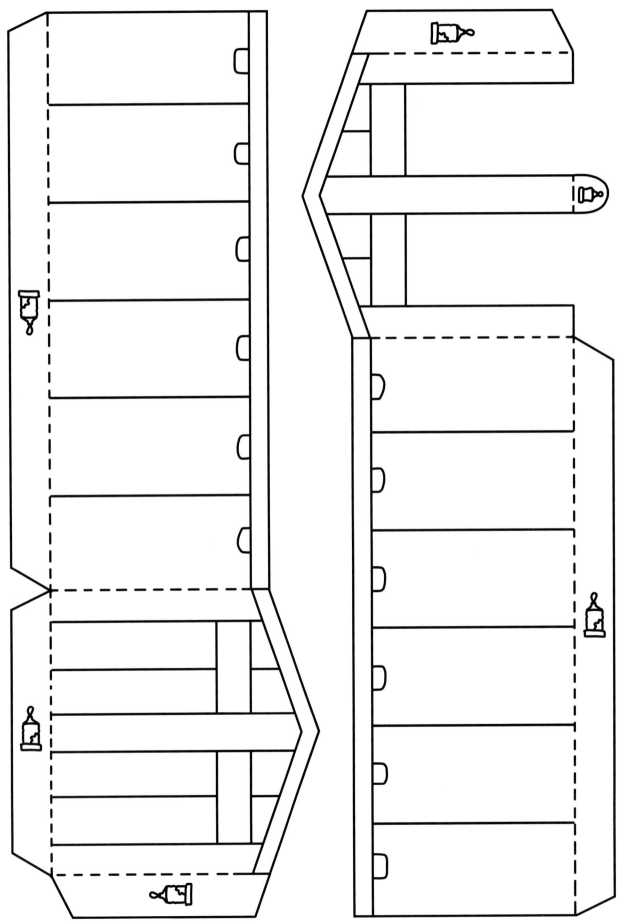

Die Zehn Gebote – Gottes Regeln für ein gutes Leben

		Zeitrichtwert	Lernaktivitäten	Material	Kompetenzen
1	PL	5'	L gibt einen Überblick über den Ablauf der Stunde.		– die Zehn Gebote Oberbegriffen zuordnen
2	EA	15'	S bearbeiten Lückentext „Die Zehn Gebote".	M1	– ein Schaubild entwickeln zur Darstellung inhaltlicher Aspekte
3	TA	10'	S vergleichen ihre Lösungen mit einem Zufallspartnerkind.	M1	– Bewertungen vornehmen
4	GA	25'	S ordnen auf einem Schaubild die einzelnen Gebote den Oberbegriffen zu.	M2	– eigene Meinung begründet vertreten
5	PL	20'	Ausgeloste Gruppen präsentieren ihr Schaubild im Plenum.	M2	– andere Meinungen überprüfen und zulassen
6	GA	15'	S reflektieren anhand eines Feedbackbogens inhaltliche und methodische Aspekte.	M3	– zielgerichtet arbeiten und kooperieren – Entscheidungen treffen

Erläuterungen zur Lernspirale

Ziel der Stunde ist die qualitative Auseinandersetzung mit den Zehn Geboten und deren Einteilung nach inhaltlichen Aspekten. Die Kinder entwickeln ein Schaubild zur Darstellung inhaltlicher Schwerpunkte innerhalb der Zehn Gebote und setzen sich dabei intensiv mit der Bedeutung der Gebote auseinander.

Zum Ablauf im Einzelnen

Im **1. Arbeitsschritt** erläutert die Lehrkraft den Kindern den Ablauf der Stunde.

Die Kinder bearbeiten im **2. Arbeitsschritt** den Lückentext „Die Zehn Gebote" (M1).

Im **3. Arbeitsschritt** bilden die Kinder mit einem Zufallspartnerkind ein Tandem, vergleichen ihre Lösungen und verbessern gegebenenfalls den Lückentext.

Je zwei Tandems arbeiten im **4. Arbeitsschritt** zusammen. Sie ordnen auf einem Schaubild (M2) die einzelnen Gebote den Oberbegriffen zu.

Ausgeloste Gruppen präsentieren anschließend im **5. Arbeitsschritt** ihre Schaubilder.

Zum Abschluss der Stunde reflektieren die Kinder im **6. Arbeitsschritt** inhaltliche und methodische Aspekte anhand eines Feedbackbogens (M3).

Lösungen

M1:
Gott gab <u>Mose</u> einen wichtigen <u>Auftrag</u>. Er sollte das Volk <u>Israel</u> aus Ägypten führen, denn dort lebten die Israeliten als Sklaven und es ging ihnen immer <u>schlechter</u>. Also machte sich Mose mit den <u>Israeliten</u> auf den Weg in das gelobte Land <u>Kanaan</u>, sobald der Pharao sie ziehen ließ. Als sie viele Wochen später am Berg <u>Sinai</u> ankamen, rief <u>Gott</u> Mose und seinen Bruder <u>Aaron</u> zu sich auf den <u>Berg</u>. Dort übergab er Mose die <u>Zehn Gebote</u>. Das sind Gottes Regeln für ein gutes <u>Leben</u> der Menschen miteinander und mit Gott.
Die Israeliten versprachen Gott, dass sie sich an seine <u>Gebote</u> halten würden. So schloss Gott einen <u>Bund</u> mit dem Volk Israel: Er erklärte das Volk Israel zu seinem Volk, das ihm <u>Freude</u> bereiten wollte, indem es nach seinen guten <u>Regeln</u>, den Zehn Geboten, lebte.

M2:
Regeln für die Beziehung zu Gott
- Du sollst keine anderen Götter neben mir haben.
- Du sollst den Namen des Herrn, deines Gottes, nicht missbrauchen.
- Halte den Ruhetag in Ehren. Er ist ein heiliger Tag, der dem Herrn gehört.

Regeln für das Zusammenleben in der Familie
- Du sollst deinen Vater und deine Mutter ehren.
- Du sollst nicht die Ehe brechen.

Regeln für einen friedlichen Umgang der Menschen miteinander
- Du sollst nicht morden.
- Du sollst nicht stehlen.
- Du sollst nichts Unwahres über deine Mitmenschen sagen.
- Du sollst nicht die Frau oder den Mann eines anderen begehren.
- Du sollst nicht begehren, was deinen Mitmenschen gehört.

✓ Merkposten

Für die Bildung der Zufallspaare und Zufallsgruppen sind geeignete Losgegenstände (Kartenspiel, Paar-, Ziffern- oder Buchstabenkarten) mitzubringen.

Kopieren Sie die Vorlage des Schaubilds auf festes Papier auf die Größe DIN A3.

Notizen:

Die Zehn Gebote – Gottes Regeln für ein gutes Leben

LS M1 Lückentext „Die Zehn Gebote"

A Setze die fehlenden Wörter ein. Der Wortspeicher hilft dir dabei.

Gott gab _____ einen wichtigen _____.

Er sollte das Volk _____ aus Ägypten führen, denn dort lebten die

Israeliten als Sklaven und es ging ihnen immer _____. Also machte

sich Mose mit den _____ auf den Weg in das gelobte Land

_____, sobald der Pharao sie ziehen ließ.

Als sie viele Wochen später am Berg _____ ankamen, rief

_____ Mose und seinen Bruder _____

zu sich auf den _____. Dort übergab er Mose die

_____ _____. Das sind Gottes Regeln

für ein gutes _____ der Menschen miteinander und mit Gott.

Die Israeliten versprachen Gott, dass sie sich an seine _____ halten

würden. So schloss Gott einen _____ mit dem Volk Israel: Er erklärte

das Volk Israel zu seinem Volk, das ihm _____ bereiten wollte,

indem es nach seinen guten _____, den Zehn Geboten, lebte.

Wortspeicher:
Regeln – Bund – Leben – Aaron – Gott – Israeliten – Zehn Gebote – Mose –
Israel – Auftrag – schlechter – Kanaan – Berg – Sinai – Freude – Gebote

LS M2 Schaubild „Die Zehn Gebote" (Arbeitskarte und Satzstreifen)

A1 Schneidet die Satzstreifen mit den Geboten aus.

A2 Lest die Gebote laut vor. Wechselt euch beim Vorlesen ab.

A3 Unterhaltet euch darüber, zu welchen Oberbegriffen die einzelnen Gebote passen.

A4 Ordnet die Gebote den Oberbegriffen zu.
Klebt sie auf.

Du sollst deinen Vater und deine Mutter ehren.

Du sollst nicht begehren, was deinen Mitmenschen gehört.

Du sollst nicht die Ehe brechen.

Du sollst nichts Unwahres über deine Mitmenschen sagen.

Du sollst nicht die Frau oder den Mann eines anderen begehren.

Du sollst nicht morden.

Du sollst nicht stehlen.

Du sollst keine anderen Götter neben mir haben.

Du sollst den Namen des Herrn, deines Gottes, nicht missbrauchen.

Halte den Ruhetag in Ehren. Er ist ein heiliger Tag, der dem Herrn gehört.

LS M2 Schaubild „Die Zehn Gebote" (Schaubild)

Regeln für die Beziehung zu Gott

Regeln für das Zusammenleben in der Familie

Regeln für einen friedlichen Umgang der Menschen miteinander

LS M3 Feedbackbogen

A1 Fülle den Reflexionsbogen aus.

Wie gut hat das Folgende geklappt?	hat sehr gut geklappt	hat gut geklappt	hat nicht so gut geklappt	hat gar nicht geklappt
Den Lückentext ausfüllen				
Die Lösungen vergleichen				
Der Gruppe eigene Ideen für die Zuordnungen vorschlagen				
Den anderen Gruppenmitgliedern zuhören				
In der Gruppe gemeinsam die Aufgabe klären				
Mit der Arbeit zügig anfangen				
Dafür sorgen, dass sich alle Gruppenmitglieder an der Arbeit beteiligen				
Als Gruppe das Schaubild präsentieren				

A2 Vergleicht eure Einschätzungen und unterhaltet euch darüber, womit ihr zufrieden seid und was ihr das nächste Mal anders machen wollt.

Gott kennen, ehren und ihm einen Platz in unserem Leben geben

		Zeitrichtwert	Lernaktivitäten	Material	Kompetenzen
1	PL	5'	L gibt einen Überblick über den Ablauf der Stunde.		– die ersten beiden der Zehn Gebote kennen und ihre Bedeutung für die Christ*innen verstehen – Texte sinnentnehmend lesen – Interviewfragen entwickeln – ein Rollenspiel vorbereiten und präsentieren – zielgerichtet arbeiten und kooperieren
2	EA	10'	S entschlüsseln arbeitsteilig Schlangensätze zu den ersten beiden Geboten.	M1	
3	PL	10'	Ausgeloste S präsentieren die Auflösung der Schlangensätze an der Tafel.	M1	
4	GA	30'	S lesen Erklärungen zu den ersten beiden Geboten, entwickeln Interviewfragen und bereiten Rollenspiel „Interview mit einem Bibelforscher" vor.	M2, M3	
5	PL	25'	S präsentieren Rollenspiel „Interview mit einem Bibelforscher".	M3	
6	PL	10'	S reflektieren die Aufgabenstellung und den Arbeitsprozess mittels einer Line-up-Übung.		

✓ Merkposten

Die Kinder sollten die Möglichkeit erhalten, die in den Infotexten (M2) angegebenen Bibelstellen bei Bedarf nachzulesen. Hierzu eignen sich Bibelausgaben in heutigem Deutsch, da diese für Kinder in diesem Alter besser verständliche Übersetzungen beinhalten. Das Nachschlagen von Bibelstellen sollte vorab eingeführt und ausprobiert werden, da es einiger Übung bedarf, die Bibelstellen zügig zu finden.

Erläuterungen zur Lernspirale

Ziel der Stunde ist es, die ersten beiden der Zehn Gebote Gottes zu kennen und ihre Bedeutung für die Christ*innen zu verstehen.

Zum Ablauf im Einzelnen

Im **1. Arbeitsschritt** erläutert die Lehrkraft den Kindern den Ablauf der Stunde.

Die Kinder entschlüsseln im **2. Arbeitsschritt** in stiller Einzelarbeit arbeitsteilig die Schlangensätze (M1) zu den ersten beiden Geboten.

Im **3. Arbeitsschritt** präsentieren ausgeloste Kinder die Auflösung an der Tafel, auf die die Lehrkraft die Schlangensätze (M1) in der Vorbereitung der Stunde übertragen hat.

Anschließend lesen die Kinder in Zufallsgruppen im **4. Arbeitsschritt** die Erklärungen zu den ersten beiden Geboten (M2), entwickeln Interviewfragen und bereiten ein Rollenspiel mit dem Titel „Interview mit einem Bibelforscher" (M3) vor, das sie im **5. Arbeitsschritt** im Plenum präsentieren.

Die Reflexion des Arbeitsprozesses erfolgt im **6. Arbeitsschritt** mittels einer Line-up-Übung. Hierzu stellen sich die Kinder auf eine gedachte oder auch auf dem Boden markierte Linie. Die Lehrkraft erklärt zuvor die Regeln: Ein Ende der Linie bedeutet Zustimmung (gut, ich bin dieser Meinung), das andere Ende bedeutet Ablehnung (schlecht, ich bin nicht dieser Meinung). Die Lehrkraft stellt nun Fragen zur Reflexion des Arbeitsprozesses, z.B. „Habt ihr die Aufgabenstellung verstanden?". Daraufhin antworten die Kinder, indem sie sich schweigend an entsprechender Stelle auf die Linie stellen. Auf die „Antworten" der Kinder kann die Lehrkraft dann sofort mit Nachfragen eingehen und das Feedback-Ergebnis mit ihnen besprechen. Die Ergebnisse kann die Lehrkraft dann für weitere Unterrichtsplanungen nutzen.

Notizen:

LS M1 Schlangensätze „Gebote 1 und 2"

Das erste Gebot

A1 Trenne die einzelnen Wörter mit Strichen voneinander ab, sodass du das erste Gebot lesen kannst.

DUSOLLSTKEINEANDERENGÖTTERNEBENMIRHABEN.

A2 Schreibe das erste Gebot auf.

_____

_____

_____

Das zweite Gebot

A1 Trenne die einzelnen Wörter mit Strichen voneinander ab, sodass du das zweite Gebot lesen kannst.

DUSOLLSTDENNAMENDESHERRN,DEINESGOTTES,NICHTMISSBRAUCHEN.

A2 Schreibe das zweite Gebot auf.

_____

_____

_____

LS M2 Infotexte „Gebote 1 und 2"

Infotext „Du sollst keine anderen Götter neben mir haben."

Zur Zeit von Mose beteten die meisten anderen Völker viele Götter an. Das Volk Israel galt als ein besonderes Volk, weil es nur einen einzigen Gott hatte.

Wie wichtig es für Gott ist, dass sein Volk ihn allein anbetet und ihn als Schöpfer und Herrn anerkennt, sehen wir am ersten Gebot, das er Mose gab:
Du sollst keine anderen Götter neben mir haben.

(2. Mose 20,3 / Ex 20,3)

Jesus hat uns viele Dinge erklärt, damit wir Gott noch besser verstehen können.
Als er einmal gefragt wurde, welches das größte Gebot ist, antwortete er:
„Liebe den Herrn, deinen Gott, von ganzem Herzen, mit all deiner Seele und deinem ganzen Verstand!" (Mt 22,37).
Auch das zeigt noch einmal, wie wichtig das erste Gebot ist.

Infotext „Du sollst den Namen des Herrn, deines Gottes, nicht missbrauchen."

Zur Zeit von Mose waren Namen noch wichtiger als für uns heute. Damals überlegten die Menschen genau, welche Namen sie ihren Kindern gaben. Sie glaubten sogar, dass die Kinder so werden würden wie die Bedeutung ihres Namens. Der Vorname Debora bedeutet zum Beispiel „Biene". Vielleicht hofften Eltern, dass ihre Töchter fleißig wie Bienen werden würden, wenn sie sie Debora nannten?
Die Menschen wussten also, dass Namen nicht achtlos ausgesprochen werden dürfen, schon gar nicht der Name Gottes.

Im zweiten Gebot gibt Gott die Anweisung:
Du sollst den Namen des Herrn, deines Gottes, nicht missbrauchen.

(2. Mose 20,7 / Ex 20,7)

Es ist wichtig, dass wir den Namen Gottes nur aussprechen, wenn wir tatsächlich von Gott sprechen und ihn wirklich meinen. Wenn wir „Oh Gott!" rufen, weil wir uns über etwas ärgern oder über etwas schimpfen, dann gebrauchen wir den Namen Gottes nicht auf die richtige Art. Auch wenn wir uns über etwas freuen und „Gott sei Dank" sagen, ist das nur richtig, wenn wir Gott meinen und ihm auch wirklich dankbar sind und nicht einfach nur froh, dass etwas gut geworden ist.
Doch wenn wir uns an Gott wenden, wenn wir beten und ihn mit seinem Namen ansprechen, dann freut sich Gott. Er lädt uns dazu ein, ihn anzusprechen, wenn wir ihn um etwas bitten oder uns bedanken.

LS M3 Gruppenarbeitskarten „Interview mit einem Bibelforscher" (1)

Interview zum ersten Gebot

A1 Lest den Infotext zum **ersten Gebot**.

A2 Tauscht euch über den Text aus. Überlegt, welche Informationen wichtig sind und an die anderen weitergegeben werden sollen.

A3 Ihr seid nun die Experten für dieses Gebot. Wie Bibelforscher habt ihr untersucht, welche Informationen zu dem ersten Gebot wichtig sind. Ihr wisst auch, wo ihr es in der Bibel nachlesen könnt.

Bibelforscher werden manchmal von Journalisten interviewt. Überlegt euch Interviewfragen zum ersten Gebot, die ihr als Experten beantworten könnt.
Schreibt die Fragen und die Antworten dazu auf der Interviewkarte auf.

Journalist: Schön, dass Sie als Experte für das erste Gebot bei uns zu Gast sind und uns Fragen dazu beantworten können. Wir starten gleich mit der ersten Frage.

Frage: _____

Bibelforscher: _____

Frage: _____

Bibelforscher: _____

Frage: _____

Bibelforscher: _____

Frage: _____

Bibelforscher: _____

A4 Nun habt ihr die Vorlage für ein Interview.
Bestimmt, wer die Expertenrolle übernimmt. Das könnt ihr auch auslosen. Die anderen sind die Journalisten und stellen reihum die Fragen. Übt das Interview, bevor ihr es den anderen vorspielt.

LS M3 Gruppenarbeitskarten „Interview mit einem Bibelforscher" (2)

Interview zum zweiten Gebot

A1 Lest den Infotext zum **zweiten Gebot**.

A2 Tauscht euch über den Text aus. Überlegt, welche Informationen wichtig sind und an die anderen weitergegeben werden sollen.

A3 Ihr seid nun die Experten für dieses Gebot. Wie Bibelforscher habt ihr untersucht, welche Informationen zu dem zweiten Gebot wichtig sind. Ihr wisst auch, wo ihr es in der Bibel nachlesen könnt.

Bibelforscher werden manchmal von Journalisten interviewt. Überlegt euch Interviewfragen zum zweiten Gebot, die ihr als Experten beantworten könnt.
Schreibt die Fragen und die Antworten dazu auf der Interviewkarte auf.

Journalist: Schön, dass Sie als Experte für das zweite Gebot bei uns zu Gast sind und uns Fragen dazu beantworten können. Wir starten gleich mit der ersten Frage.

Frage: _____

Bibelforscher: _____

Frage: _____

Bibelforscher: _____

Frage: _____

Bibelforscher: _____

Frage: _____

Bibelforscher: _____

A4 Nun habt ihr die Vorlage für ein Interview.
Bestimmt, wer die Expertenrolle übernimmt. Das könnt ihr auch auslosen. Die anderen sind die Journalisten und stellen reihum die Fragen. Übt das Interview, bevor ihr es den anderen vorspielt.

Sonntag – ein Tag für Gott und die Menschen

		Zeitrichtwert	Lernaktivitäten	Material	Kompetenzen
1	PL	5'	L gibt einen Überblick über den Ablauf der Stunde.		– das dritte Gebot kennen und Bezüge zur eigenen Lebenswirklichkeit herstellen – Texte sinnentnehmend lesen – ein Akrostichon schreiben – zielgerichtet arbeiten und kooperieren – Arbeitsergebnisse in der Kleingruppe präsentieren
2	PL	15'	S hören Vortrag zur Bedeutung des Sabbats in der Bibel und stellen Verständnisfragen.	M1	
3	EA	20'	S lesen Text „Jesus und der Sabbat" und beantworten Fragen zum Text.	M2	
4	PA	10'	S vergleichen die Antworten mit ihrem Schulterpartnerkind.	M2	
5	PL	10'	S reflektieren über die Bedeutung der Aussage von Jesus: „Gott hat den Sabbat für die Menschen geschaffen, nicht die Menschen für den Sabbat."		
6	TA	15'	Tandems erschließen die Informationen des Infotexts „Der Ruhetag der Christen ist der Sonntag" und schreiben ein Akrostichon.	M3	
7	GA	15'	Je zwei Tandems stellen einander ihre Akrostichen vor.	Akrostichen	

Erläuterungen zur Lernspirale

Ziel der Stunde ist es, das dritte Gebot sowohl in seiner Bedeutung zur Zeit des Alten Testaments kennenzulernen als auch Bezüge zur eigenen Lebenswirklichkeit herzustellen.

Zum Ablauf im Einzelnen

Im **1. Arbeitsschritt** erläutert die Lehrkraft den Kindern den Ablauf der Stunde.

Die Kinder hören im **2. Arbeitsschritt** im Plenum einen Vortrag (M1) und haben Gelegenheit, Verständnisfragen zu stellen.

Im **3. Arbeitsschritt** lesen die Kinder in stiller Einzelarbeit den Text „Jesus und der Sabbat" (M2). Im Anschluss daran beantworten sie Fragen zum Text schriftlich in vollständigen Sätzen.

Ihre Antworten vergleichen sie im **4. Arbeitsschritt** mit ihrem Schulterpartnerkind.

Daran anknüpfend reflektieren die Kinder im Plenum im **5. Arbeitsschritt** die Bedeutung der Aussage von Jesus: „Gott hat den Sabbat für die Menschen geschaffen, nicht die Menschen für den Sabbat."

Danach erschließen die Kinder mit einem zugelosten Tandempartnerkind im **6. Arbeitsschritt** den Infotext „Der Ruhetag der Christen ist der Sonntag" (M3) und schreiben ein Akrostichon zu ihren Vorstellungen von der Gestaltung des Sonntags.

Im **7. Arbeitsschritt** präsentieren sich je zwei Tandems gegenseitig ihre Akrostichen.

Lösungen

M2:
1. Wie heißt der Ruhetag der Juden?
   Der Ruhetag der Christen heißt Sabbat.
2. Wie sollen die Juden den Ruhetag feiern?
   Am Sabbat sollten die Juden sich ausruhen und Gottesdient feiern.
3. Welche zusätzlichen Vorschriften werden in dem Text genannt?
   Ein Schreiber durfte seinen Stift nicht bei sich haben und es war vorgeschrieben, wie viele Schritte man höchstens gehen durfte, und wenn ein Mensch sich verletzt hatte, durfte man ihm nur helfen, wenn er in Lebensgefahr war.
4. Schreibe auf, weshalb Jesus mit den Schriftgelehrten in Streit geriet.
   Jesus hielt sich nicht an die Vorschriften und heilte einen Kranken am Sabbat.
5. Schreibe auf, was Jesus über den Sabbat sagte.
   Gott hat den Sabbat für die Menschen geschaffen und nicht die Menschen für den Sabbat.

✓ Merkposten

Für die Bildung der Zufallspaare und Zufallsgruppen sind geeignete Losgegenstände (Kartenspiel, Paar-, Ziffern- oder Buchstabenkarten) mitzubringen.

Notizen:

LS M1 Erzählvorlage für die Lehrkraft „Die Bedeutung des Sabbats in der Bibel"

In der Bibel können wir nachlesen, wie Gott die Welt erschaffen hat. Über den siebten Tag der Schöpfungsgeschichte steht dort geschrieben, dass Gott ausruhte, nachdem er sein Werk vollendet hatte. Er segnete diesen Tag. Gott sagte: „Dieser Tag soll mein Tag sein. Er ist heilig. An diesem Tag soll die Arbeit ruhen."
Die Menschen sollten es genauso halten wie Gott. Sechs Tage sollten sie arbeiten und am siebten Tag sollten sie ausruhen, um neue Kräfte zu sammeln. An diesem Tag sollten sie Zeit haben, über sich und Gott nachzudenken, zu beten und Gott zu loben.

Als Gott später einen Bund mit seinem Volk, den Israeliten, schloss, gab er ihnen folgende Regel als drittes Gebot:

Halte den Ruhetag in Ehren. Er ist ein heiliger Tag, der dem Herrn gehört.

Das Gebot, den Ruhetag zu ehren, nehmen die Juden bis heute sehr ernst. Der Sabbat – so wird der Ruhetag genannt – beginnt am Freitagabend, wenn es dunkel wird, und dauert bis zur Dämmerung am Samstagabend.
Früher verkündete ein Trompeter vom höchsten Dach im Ort mit einer lauten Melodie den Beginn und das Ende des Sabbats. Um das Gebot, am Sabbat nicht zu arbeiten, einhalten zu können, werden die Wohnungen freitags geputzt und das Essen bereits vorbereitet. Wer die Sabbatruhe nicht einhielt, wurde zu Zeiten des Alten Testaments mitunter streng bestraft.

LS M2 Jesus und der Sabbat

A1 Lies den Text.

Der Sabbat war der Ruhetag der Juden. Er sollte gefeiert werden als ein Tag, an dem die Menschen ausruhen durften und Zeit hatten, Gottesdienst zu feiern, zu beten und so Gottes Nähe zu suchen. Es sollte ein Tag der Freude sein, an dem diese guten Dinge möglich waren, und kein trister Tag der Verbote, den Gottes Volk als beschwerlich erleben würde.

Zur Zeit Jesu waren zu dem Gebot der Sabbatruhe sehr viele Vorschriften hinzugefügt worden. Sie sollten verhindern, dass die Menschen etwas taten, das vielleicht Arbeit war. So durfte ein Schreiber seinen Stift nicht bei sich haben, damit er nicht in Versuchung kam, irgendetwas zu schreiben, und somit „arbeitete". Es war vorgeschrieben, wie viele Schritte man höchstens gehen durfte, und wenn ein Mensch sich verletzt hatte, durfte man ihm nur helfen, wenn er in Lebensgefahr war. Es gab sogar Schriftgelehrte, die das verbieten wollten.

Doch so hatte Gott das nicht gemeint. Er wollte, dass der Sabbat etwas Gutes für die Menschen bedeutet und ihnen nicht schadet. Jesus wusste das. Deshalb geriet er in Streit mit den Schriftgelehrten, als er sich einmal am Sabbat nicht an die zusätzlichen Vorschriften hielt und einen Kranken heilte. Ein anderes Mal warfen die Schriftgelehrten Jesus vor, dass er sich nicht an die Sabbatruhe hielt, weil seine Jünger, die sehr hungrig waren, an einem Sabbat Ähren abpflückten und die Körner aßen. Doch Jesus entgegnete ihnen: **„Gott hat den Sabbat für die Menschen geschaffen und nicht die Menschen für den Sabbat."**

A2 Beantworte die Fragen zum Text.

1. Wie heißt der Ruhetag der Juden?

___

2. Wie sollen die Juden den Ruhetag feiern?

___

3. Welche zusätzlichen Vorschriften werden in dem Text genannt?

___

___

4. Schreibe auf, weshalb Jesus mit den Schriftgelehrten in Streit geriet.

___

5. Schreibe auf, was Jesus über den Sabbat sagte.

___

___

LS M3 Der Ruhetag der Christen ist der Sonntag

A1 Lest den Text laut vor. Wechselt euch dabei ab.

Die Christen halten ihren Ruhetag sonntags anstatt des Sabbats, der für den Samstag steht. Das hat einen besonderen Grund. Jesus wurde an einem Sonntag auferweckt. Die Auferstehung von Jesus, die an Ostern gefeiert wird, ist so wichtig, dass die Christen damals beschlossen, immer an diesem Tag, dem heutigen Sonntag, zusammenzukommen und Gottesdienst miteinander zu feiern.

Bis heute finden die meisten Gottesdienste und auch die Kindergottesdienste sonntags statt. Viele Menschen müssen am Sonntag nicht arbeiten. Auch die Schulen und Universitäten sind geschlossen. In etlichen Städten und Ländern sind weniger Geschäfte geöffnet als an Werktagen. Familien können mehr Zeit miteinander verbringen und es ist Gelegenheit, sich auszuruhen.

A2 Wie stellt ihr euch einen Sonntag vor, der eine gute Zeit für euch und für Gott bereithält? Tauscht euch über eure Ideen aus.
Schreibt ein Akrostichon dazu.

S
O
N
N
T
A
G

Gottes gute Regeln für das Zusammenleben der Menschen

		Zeitrichtwert	Lernaktivitäten	Material	Kompetenzen
1	PL	5'	L gibt einen Überblick über den Ablauf der Stunde.		– die Gebote kennen, die wichtig sind für das Zusammenleben der Menschen – Bezüge zur eigenen Lebenswirklichkeit herstellen – eigene Gebote zum Zusammenleben der Menschen formulieren – Entscheidungen treffen – zielgerichtet arbeiten und kooperieren – eine Stafettenpräsentation durchführen
2	EA	10'	S ordnen zu, welche Gebote Orientierung für die Beziehung der Menschen zu Gott geben und welche für den Umgang der Menschen miteinander.	M1	
3	PL	15'	Ausgeloste S präsentieren ihre Lösungen und ergänzen das Tafelbild. S stellen Verständnisfragen.	M1	
4	PA	25'	S wählen ein Gebot aus, begründen, warum sie es als besonders wichtig erachten, und notieren Stichworte zu eigenen, beispielhaften Erlebnissen auf einem Spickzettel.	M2	
5	PL	20'	S stellen ihre Gedanken zu den ausgewählten Geboten mithilfe ihrer Spickzettel im Rahmen einer Stafettenpräsentation vor.	Spickzettel	
6	EA	15'	S formulieren Gebote für das Zusammenleben der Menschen mit eigenen Worten und schreiben sie in ihr Religionsheft.	M3	

Erläuterungen zur Lernspirale

Ziel der Stunde ist es, die Gebote zu kennen, die wichtige Regeln für das Zusammenleben der Menschen beinhalten, und Bezüge zur eigenen Lebenswirklichkeit herzustellen.

Zum Ablauf im Einzelnen

Im **1. Arbeitsschritt** erläutert die Lehrkraft den Kindern den Ablauf der Stunde.

Die Kinder bearbeiten im **2. Arbeitsschritt** in stiller Einzelarbeit das Arbeitsblatt (M1), indem sie Satzkärtchen mit den Geboten unter inhaltlichen Aspekten in eine Tabelle einordnen.

Im **3. Arbeitsschritt** präsentieren ausgeloste Kinder ihre Lösungen an der Tafel, an die die Lehrkraft in der Vorbereitung der Stunde die Tabelle von M1 übertragen hat. Während der Ergänzung des Tafelbilds stellen die Kinder gegebenenfalls Verständnisfragen, die im Plenum beantwortet werden.

Daran anknüpfend wählen die Kinder gemeinsam mit einem Zufallspartnerkind im **4. Arbeitsschritt** ein Gebot aus, begründen, warum sie es als besonders wichtig erachten, und notieren Stichworte zu eigenen, beispielhaften Erlebnissen auf einem Spickzettel (M2).

Anschließend stellen die Kinder im **5. Arbeitsschritt** ihre Gedanken zu den ausgewählten Geboten mithilfe ihrer Spickzettel im Rahmen einer Stafettenpräsentation vor.

Zur Vertiefung der individuellen Reflexion des Themas formulieren die Kinder im **6. Arbeitsschritt** Gebote für das Zusammenleben der Menschen mit eigenen Worten und schreiben diese in ihr Religionsheft.

Lösungen

M1:

Regeln für die Beziehung zu Gott	Regeln für den Umgang der Menschen miteinander
Du sollst keine anderen Götter neben mir haben.	Du sollst deinen Vater und deine Mutter ehren.
Du sollst den Namen des Herrn, deines Gottes, nicht missbrauchen.	Du sollst nicht morden.
Halte den Ruhetag in Ehren. Er ist ein heiliger Tag, der dem Herrn gehört.	Du sollst nicht die Ehe brechen.
	Du sollst nicht stehlen.
	Du sollst nichts Unwahres über deine Mitmenschen sagen.
	Du sollst nicht begehren, was deinen Mitmenschen gehört.
	Du sollst nicht die Frau oder den Mann eines anderen begehren.

✓ **Merkposten**

Für die Bildung der Zufallspaare sind geeignete Losgegenstände (Kartenspiel, Paar-, Ziffern- oder Buchstabenkarten) mitzubringen.

LS | Gottes gute Regeln für das Zusammenleben der Menschen | 26

LS M1 Arbeitsblatt

A1 Schneidet die Kästchen mit den Geboten aus und ordnet sie den Überschriften in der Tabelle zu.

A2 Klebt die Gebote in die Tabelle.

Regeln für die Beziehung zu Gott	Regeln für den Umgang der Menschen miteinander

---

| Du sollst deinen Vater und deine Mutter ehren. | Du sollst nicht begehren, was deinen Mitmenschen gehört. | Du sollst nicht morden. | Du sollst keine anderen Götter neben mir haben. | Du sollst nicht die Ehe brechen. |
| Du sollst nicht die Frau oder den Mann eines anderen begehren. | Halte den Ruhetag in Ehren. Er ist ein heiliger Tag, der dem Herrn gehört. | Du sollst nichts Unwahres über deine Mitmenschen sagen. | Du sollst den Namen des Herrn, deines Gottes, nicht missbrauchen. | Du sollst nicht stehlen. |

Klippert Zeitgemäß unterrichten

Gottes gute Regeln für das Zusammenleben der Menschen

LS M2 Arbeitskarte

A1 Wählt ein Gebot aus den Regeln für den Umgang der Menschen miteinander.

A2 Unterhaltet euch darüber, weshalb ihr es wichtig findet, dass die Menschen sich an das Gebot halten.

A3 Schreibt das Gebot auf den Spickzettel.
Notiert auf dem Spickzettel Stichworte, um der Klasse zu berichten, weshalb ihr dieses Gebot ausgesucht habt. Ihr könnt auch von eigenen Erlebnissen erzählen.

Dieses Gebot haben wir ausgewählt:

_____

_____

_____

_____

LS M3 Arbeitsauftrag für Hefteintrag

A Welche Regeln sind wichtig für das Zusammenleben der Menschen miteinander?

Formuliere drei Gebote mit deinen eigenen Worten und schreibe sie auf.

1. _____

_____

2. _____

_____

3. _____

_____

Familie – bei Gott sind alle wichtig

		Zeitrichtwert	Lernaktivitäten	Material	Kompetenzen
1	PL	5'	L gibt einen Überblick über den Ablauf der Stunde.		– über gute Bedingungen für ein gelingendes Familienleben reflektieren – ein Plakat zum Gebot „Du sollst Vater und Mutter ehren" gestalten – Entscheidungen treffen – zielgerichtet arbeiten und kooperieren – Arbeitsergebnisse präsentieren
2	EA	10'	S füllen Fragebogen „Was ist wichtig, damit du dich in deiner Familie wohlfühlst?" aus.	M1	
3	DK	10'	S stellen sich gegenseitig ihre Antworten vor.	M1	
4	PL	15'	S tragen wichtige Punkte für ein gutes Zusammenleben in der Familie in einem Cluster an der Tafel zusammen und diskutieren darüber.	M2	
5	PL	10'	S hören Vortrag „Gott will Familie" und stellen Verständnisfragen.	M3	
6	GA	25'	S gestalten ein Plakat mit dem Titel „Vater und Mutter ehren – wie geht das?".	M4	
7	PL	15'	S präsentieren ihre Plakate im Kinositz.	Plakate	

✓ Merkposten

Für die Bildung der Zufallsgruppen sind geeignete Losgegenstände (Kartenspiel, Paar-, Ziffern- oder Buchstabenkarten) mitzubringen.

Als akustisches Signal für den Partnerkindwechsel beim Doppelkreis eignen sich eine Klangschale, eine Glocke oder eine Triangel.

Tipp

Je nach den Lebensbedingungen der Kinder kann das Thema „Familie" eine Herausforderung für manche Kinder darstellen, die einen sensiblen Umgang erfordert. Die Kinder sollen in diesem Sinne Raum und Akzeptanz erhalten für den Ausdruck ihrer Empfindungen und eigener Meinung zu den verschiedenen Fragestellungen.

Erläuterungen zur Lernspirale

Ziel der Stunde ist es, ein Plakat zum Gebot „Du sollst Vater und Mutter ehren" zu gestalten, nachdem die Kinder das Thema „Zusammenleben in der Familie" hinführend in einem mehrstufigen Arbeitsprozess in Einzel- und Partnerarbeit sowie im Rahmen der gesamten Lerngruppe reflektiert haben.

Zum Ablauf im Einzelnen

Im **1. Arbeitsschritt** erläutert die Lehrkraft den Kindern den Ablauf der Stunde.

Die Kinder füllen im **2. Arbeitsschritt** den Fragebogen „Was ist wichtig, damit du dich in deiner Familie wohlfühlst?" (M1) aus.

Im **3. Arbeitsschritt** stellen sich die Kinder ihre Antworten im Doppelkreis gegenseitig vor.

Danach tragen die Kinder im **4. Arbeitsschritt** im Plenum wichtige Punkte für ein gutes Zusammenleben in der Familie in einem Cluster (M2) an der Tafel zusammen und diskutieren darüber.

Im **5. Arbeitsschritt** hören die Kinder einen Vortrag zum Thema „Gott will Familie" (M3) und stellen gegebenenfalls Verständnisfragen.

Danach fertigen sie im **6. Arbeitsschritt** ein Plakat mit dem Titel „Vater und Mutter ehren – wie geht das?" an. Hierzu erhalten sie eine Gruppenarbeitskarte mit Tipps zur genauen Vorgehensweise bei der Gestaltung eines Plakats (M4).

Die Präsentation der Plakate erfolgt im **7. Arbeitsschritt** im Kinositz.

Notizen:

LS M1 Fragebogen „Was ist wichtig, damit du dich in deiner Familie wohlfühlst?"

A1 Kreuze an, was du brauchst, damit du dich in deiner Familie wohlfühlst.

Damit ich mich wohlfühle, wünsche ich mir …

- [ ] … gemeinsame Zeit mit allen Familienmitgliedern.
- [ ] … ein Zimmer mit meiner Schwester.
- [ ] … ein Zimmer mit meinem Bruder.
- [ ] … ein eigenes Zimmer.
- [ ] … mein Lieblingsessen.
- [ ] … gemeinsame Zeit mit meinen Geschwistern.
- [ ] … Zeit für mich alleine, in der mich niemand stört.
- [ ] … dass jemand mit mir spielt.
- [ ] … dass jemand mir beim Lernen hilft.
- [ ] … dass jemand mir zuhört.
- [ ] … dass mich jemand zu meinen Freunden oder zu anderen Treffpunkten fährt und abholt.
- [ ] … dass alle gerecht behandelt werden.

A2 Was brauchst du noch? Schreibe auf.

_____
_____
_____
_____
_____
_____
_____
_____

LS M2 Clustervorlage

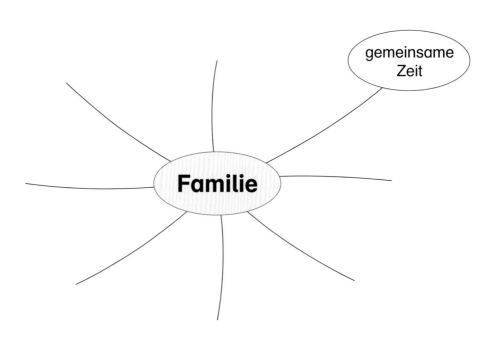

LS M3 Erzählvorlage für die Lehrkraft „Gott will Familie"

Gott ist der Erfinder der Familie. Das können wir in der Schöpfungsgeschichte nachlesen. Dort steht, dass Gott die Menschen nach seinem Bild geschaffen hat.

Er sagte: „Ich will Menschen schaffen. Die Menschen sollen mir ähnlich sein." Gott schuf die Menschen als Mann und Frau. Er segnete sie und sagte zu ihnen: „Seid fruchtbar und vermehrt euch. Breitet euch über die ganze Erde aus."

Gott wollte, dass die ersten Menschen Kinder bekamen. Und dass die Kinder, wenn sie erwachsen waren, ebenfalls wieder Kinder bekamen, sodass es immer mehr Frauen und Männer mit ihren Kindern geben sollte. Immer mehr Familien.

Gott segnet die Familien und liebt die Kinder. In einem Psalm des klugen Königs Salomo steht: „Kinder sind ein Geschenk des Herrn."

LS M4 Gruppenarbeitskarte

A Wir gestalten ein Plakat zum Thema: „Vater und Mutter ehren – wie geht das?"

Das braucht ihr:

ein Bogen Tonkarton, dicke Filzstifte oder Wachsmalkreiden,
ein Lineal, Zeitschriften, Scheren, Klebestifte

So geht ihr vor:

Damit euer Plakat gut gelingt und andere verstehen, was ihr damit ausdrücken wollt, ist es wichtig, dass ihr euch gut vorbereitet.

Das tut ihr, indem ihr

- die Überschrift genau lest und darüber sprecht, was sie bedeutet.
- euch darüber unterhaltet, was Kinder tun, die ihre Eltern achten. Woran erkennt man das?

Schreibt eure Ideen auf:

_____

_____

_____

Fertigt Zeichnungen zu euren Ideen an oder schneidet passende Bilder aus Zeitschriften aus. Wählt vier bis fünf Bilder aus.

Und dann geht's los:

- Schreibt auf die Rückseite eure Namen und das Datum.
- Schreibt das Thema als Überschrift groß und gut leserlich zuerst mit Bleistift auf das Plakat.
- Ordnet eure Zeichnungen und Bilder auf dem Plakat an.
- Schreibt die Bildunterschriften und Stichpunkte zunächst mit Bleistift auf das Plakat, damit ihr Rechtschreibfehler noch verbessern könnt.
- Prüft noch einmal gemeinsam, ob ihr damit zufrieden seid, wie ihr die Bilder, die Bildunterschriften und die Stichpunkte angeordnet habt.
- Zum Schluss klebt die Bilder fest und zieht die Überschrift, die Bildunterschriften und die Stichpunkte mit farbigen Stiften nach. Ihr könnt die Überschrift und wichtige Begriffe zusätzlich unterstreichen.

In Frieden miteinander leben

		Zeitrichtwert	Lernaktivitäten	Material	Kompetenzen
1	PL	5'	L gibt einen Überblick über den Ablauf der Stunde.		– über die Bedeutung der Zehn Gebote für ein friedliches Miteinander reflektieren – Bezüge zur Lebenswirklichkeit innerhalb der Lerngruppe herstellen – mit der Placemat-Methode ein Thema erarbeiten – eigene Meinung begründet vortragen – andere Meinungen anhören und akzeptieren – zielgerichtet arbeiten und kooperieren
2	TA	15'	S besprechen in einer Murmelphase, welche Gebote eingehalten werden sollen, damit es in der Klasse gelingt, gut miteinander auszukommen, und kreuzen diese Gebote auf dem Arbeitsblatt an.	M1	
3	GA	10'	Tandems stellen sich ihre Ergebnisse gegenseitig vor und diskutieren die Frage „Warum sind diese Gebote für ein friedliches Miteinander besonders wichtig?".		
4	GA	25'	S erarbeiten mit der Placemat-Methode, was jedes Kind für ein friedliches Miteinander tun kann.	M2, M4	
5	PL	20'	Sprecherkinder ausgeloster Gruppen präsentieren ihre Arbeitsergebnisse im Plenum.	Placemats	
6	PL	15'	S äußern sich in einem Blitzlicht zum Thema und zur Arbeitsmethode der Stunde und sprechen abschließend gemeinsam mit der Lehrkraft ein Gebet.	M3	

Merkposten

Für die Bildung der Zufallspaare und Zufallsgruppen sind geeignete Losgegenstände (Kartenspiel, Paar-, Ziffern- oder Buchstabenkarten) mitzubringen.

Gleiches gilt für die Auslosung der Gruppensprecherkinder.

Erläuterungen zur Lernspirale

Ziel der Stunde ist es herauszufinden, welche Gebote wichtige Regeln für ein friedliches Miteinander der Menschen beinhalten, und konkrete Bezüge zum alltäglichen Umgang miteinander in der Lerngruppe herzustellen.

Zum Ablauf im Einzelnen

Im **1. Arbeitsschritt** erläutert die Lehrkraft den Kindern den Ablauf der Stunde.

Die Kinder besprechen im **2. Arbeitsschritt** mit einem zugelosten Tandempartnerkind in einer Murmelphase, welche Gebote eingehalten werden sollen, damit es in der Klasse gelingt, gut miteinander auszukommen, und kreuzen diese Gebote auf dem Arbeitsblatt (M1) an.

Im **3. Arbeitsschritt** stellen sich je zwei Tandems ihre Ergebnisse gegenseitig vor und diskutieren die Frage „Warum sind diese Gebote für ein friedliches Miteinander besonders wichtig?".

In dieser Vierergruppe arbeiten die Kinder im **4. Arbeitsschritt** weiter. Sie erarbeiten mit der Placemat-Methode (M2, M4), was jedes Kind für ein friedliches Miteinander tun kann.

Die Ergebnisse dieser Erarbeitung stellen ausgeloste Gruppensprecherkinder im **5. Arbeitsschritt** im Plenum vor.

Abschließend äußern sich die Kinder im **6. Arbeitsschritt** in einem Blitzlicht zum Thema und zur Arbeitsmethode der Stunde und sprechen abschließend gemeinsam mit der Lehrkraft ein Gebet (M3).

Notizen:

LS M1 „Welche Gebote wollen wir einhalten, damit wir in der Klasse friedlich miteinander auskommen?"

A Kreuzt an, welche Gebote euch dabei helfen, in der Klasse friedlich miteinander auszukommen.

Die Zehn Gebote

1. Du sollst keine anderen Götter neben mir haben. ☐

2. Du sollst nicht die Frau oder den Mann eines anderen begehren. ☐

3. Du sollst den Namen des Herrn, deines Gottes, nicht missbrauchen. ☐

4. Halte den Ruhetag in Ehren. Er ist ein heiliger Tag, der dem Herrn gehört. ☐

5. Du sollst deinen Vater und deine Mutter ehren. ☐

6. Du sollst nicht morden. ☐

7. Du sollst nicht die Ehe brechen. ☐

8. Du sollst nicht stehlen. ☐

9. Du sollst nichts Unwahres über deine Mitmenschen sagen. ☐

10. Du sollst nicht begehren, was deinen Mitmenschen gehört. ☐

LS M2 Gruppenarbeitskarte „Placemat"

A Denkt darüber nach, was jedes Kind für ein friedliches Miteinander tun kann:

1. Schreibt eure Gedanken dazu in die Außenfelder des Placemats. Dazu hat jeder sein eigenes Außenfeld und arbeitet still für sich alleine. Schreibt gut leserlich.

2. Dreht euer Placemat immer eine Station bis zum nächsten Kind weiter, sodass ihr die Notizen der anderen Gruppenmitglieder lesen könnt.

3. Diskutiert darüber und fragt nach, wenn ihr etwas nicht versteht.

4. Einigt euch nun auf vier wichtige Vorschläge für ein friedliches Miteinander und schreibt sie als Stichpunkte in das Mittelfeld.

LS M3 Gebetskärtchen

Lieber Gott,

danke, dass wir mit allem, was uns beschäftigt, zu dir kommen können.

Danke, dass du uns deine Gebote gegeben hast.

Hilf uns, ehrlich und fair miteinander umzugehen.

Schenke uns deinen Frieden und gute Gedanken, damit auch wir friedfertig handeln können.

Amen

LS M4 Placemat-Vorlage

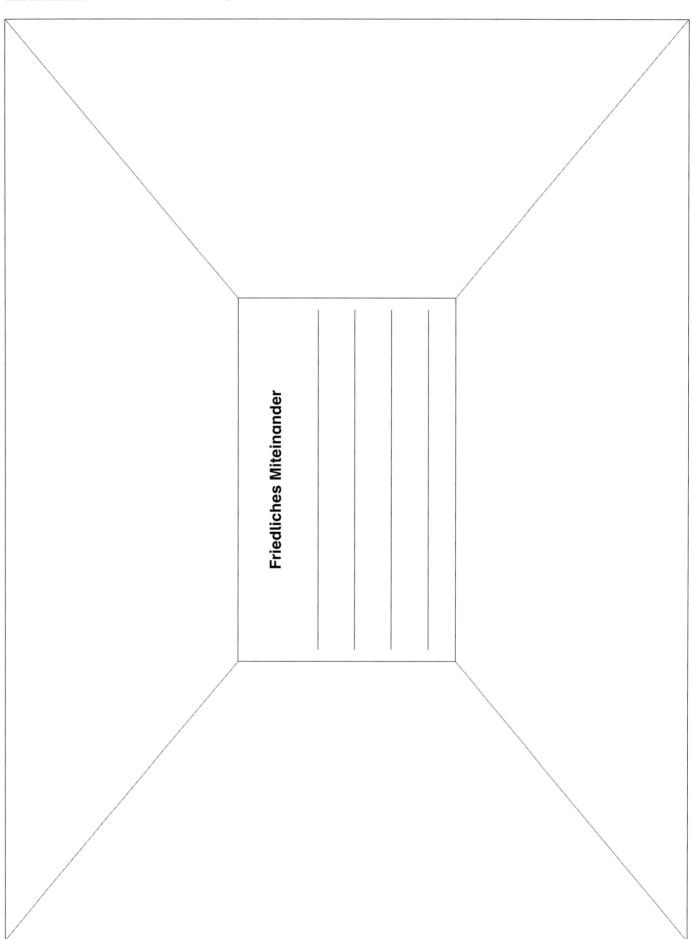

Die Zehn Gebote – das Quiz

		Zeitrichtwert	Lernaktivitäten	Material	Kompetenzen
1	PL	10'	L gibt einen Überblick über den Ablauf der Stunde.		– Lernstoff strukturiert wiederholen – eigene Fragen zu bekanntem Lernstoff entwickeln – an einem Gruppen- bzw. Klassenquiz teilnehmen – zielgerichtet arbeiten und kooperieren
2	EA	15'	S beantworten schriftlich Fragen zu den Zehn Geboten.	M1	
3	PA	20'	S vergleichen ihre Antworten mit einem Zufallspartnerkind und nutzen bei Bedarf das Lösungsblatt zur Selbstkontrolle. S entwickeln zwei weitere Fragen.	M1, M2 M3	
4	GA	25'	S führen ein Gruppenquiz durch.	M4	
5	PL	20'	S präsentieren ihr Wissen im Rahmen eines Klassenquiz.	Karten	

✓ Merkposten

Für die Bildung der Zufallspaare und Zufallsgruppen sind geeignete Losgegenstände (Kartenspiel, Paar-, Ziffern- oder Buchstabenkarten) mitzubringen.

Für den 4. und 5. Arbeitsschritt die Fragekärtchen (M4) auf festes Papier kopieren.

Für den 5. Arbeitsschritt Namenskärtchen von allen Kindern erstellen und in einem Stoffsäckchen bereithalten.

Erläuterungen zur Lernspirale

Ziel der Stunde ist die strukturierte, mehrstufige Wiederholung des Lernstoffs zum Thema „Die zehn Gebote" zur Festigung und Vorbereitung auf einen Leistungsnachweis bzw. eine Klassenarbeit.

Zum Ablauf im Einzelnen

Im **1. Arbeitsschritt** erläutert die Lehrkraft den Kindern den Ablauf der Stunde.

Die Kinder beantworten im **2. Arbeitsschritt** in stiller Einzelarbeit schriftlich Fragen zu den Zehn Geboten (M1).

Im **3. Arbeitsschritt** vergleichen die Kinder ihre Antworten mit einem Zufallspartnerkind und nutzen bei Bedarf das Lösungsblatt (M2) zur Selbstkontrolle.

Zudem entwickeln die Kinder zwei weitere Fragen und notieren diese (M3), bevor sie im **4. Arbeitsschritt** zusammen mit einem weiteren Tandem ein Gruppenquiz durchführen. Hierzu schneiden sie die Fragekärtchen (M4) aus und ergänzen auf den Blankokärtchen ihre eigenen Fragen. Beim Gruppenquiz gehen die Kinder folgendermaßen vor: Reihum zieht jedes Kind eine Fragekarte, liest die Frage vor und beantwortet sie. Gelingt ihm dies nicht oder nur unvollständig, ergänzen bzw. berichtigen die anderen aus der Gruppe.

Nach dieser intensiven Wiederholung findet im **5. Arbeitsschritt** das Klassenquiz im Plenum statt: Die Lehrkraft zieht aus einem Stoffsäckchen eine Namenskarte, liest den Namen des Kindes vor und stellt eine Frage, die das entsprechende Kind beantworten muss. Auch hier berichtigen oder ergänzen die anderen gegebenenfalls. Hierbei bezieht die Lehrkraft auch die selbstentwickelten Fragen der Kinder ein, die sie vorab einsammelt. Dies wird fortgesetzt, bis alle Fragen beantwortet sind.

Notizen:

LS M1 Prüfe dein Wissen zu den Zehn Geboten

A Beantworte die Fragen schriftlich und in vollständigen Sätzen.

1. Wer begleitete Mose, als er auf den Berg Sinai stieg, wo Gott ihm die Zehn Gebote übergab?

2. Nenne das zweite Gebot.

3. Welche Gebote enthalten Regeln zum Umgang der Menschen miteinander?

4. Nenne das siebte Gebot.

5. Welche Gebote enthalten Regeln für die Beziehung zu Gott?

6. Wie heißt der Ruhetag der Israeliten und um welchen Wochentag handelt es sich?

7. Nenne das vierte Gebot.

8. Wo hat das Volk Israel die Zehn Gebote aufbewahrt?

LS M2 Prüfe dein Wissen zu den Zehn Geboten (Lösungsblatt)

1. Wer begleitete Mose, als er auf den Berg Sinai stieg, wo Gott ihm die Zehn Gebote übergab?

Aaron begleitete Mose.

2. Nenne das zweite Gebot.

Du sollst den Namen des Herrn, deines Gottes, nicht missbrauchen.

3. Welche Gebote enthalten Regeln zum Umgang der Menschen miteinander?

Das vierte, fünfte, sechste, siebte, achte, neunte und zehnte Gebot enthalten Regeln zum Umgang der Menschen miteinander.

4. Nenne das siebte Gebot.

Du sollst nicht stehlen.

5. Welche Gebote enthalten Regeln für die Beziehung zu Gott?

Das erste, zweite und dritte Gebot enthalten Regeln für die Beziehung zu Gott.

6. Wie heißt der Ruhetag der Israeliten und um welchen Wochentag handelt es sich?

Der Ruhetag der Israeliten heißt Sabbat und ist der Samstag.

7. Nenne das vierte Gebot.

Du sollst deinen Vater und deine Mutter ehren.

8. Wo hat das Volk Israel die Zehn Gebote aufbewahrt?

Das Volk Israel hat die Zehn Gebote in der Bundeslade aufbewahrt.

Die Zehn Gebote – das Quiz

LS M3 Ergänzt das Quiz mit euren eigenen Fragen

A Überlegt euch zwei Fragen zu den Zehn Geboten.
Schreibt eure Fragen und die dazugehörigen Antworten in vollständigen Sätzen auf.

Frage:

___

Antwort:

___

Frage:

___

Antwort:

___

Die Zehn Gebote – das Quiz

LS M4 Fragekarten für das Gruppen- bzw. Klassenquiz

A1 Ergänzt auf den Blankokarten eure eigenen Fragen.

A2 Schneidet die Kärtchen aus.

Wer begleitete Mose, als er auf den Berg Sinai stieg, wo Gott ihm die Zehn Gebote übergab?	Nenne das zweite Gebot.	Welche Gebote enthalten Regeln zum Umgang der Menschen miteinander?
Nenne das siebte Gebot.	Welche Gebote enthalten Regeln für die Beziehung zu Gott?	Wie heißt der Ruhetag der Israeliten und um welchen Wochentag handelt es sich?
Nenne das vierte Gebot.	Wo hat das Volk Israel die Zehn Gebote aufbewahrt?	